HACER EL CAMBIO

Cómo llevar tu negocio de Network Marketing a la Internet y no morir en el Intento.

Rafa S. Gattorno

Derechos de autor © 2019 Rafa S. Gattorno

ISBN: 9781079545036

Todos los derechos reservados.

Autor: Rafa S. Gattorno

Editor: Edgardo Moreno

Diseño de Portada: Héctor Picón

Diseño interior: Francisco Martínez López

Queda prohibida la reproducción de este libro por cualquier forma, sin previa autorización del autor. Salvo en pequeñas citas indicando claramente la fuente.

Contacto: Rafa S. Gattorno

webs: www.rsgattorno.com

www.imanuniversity.com

facebook: www.facebook.com/rsgattorno

Email: rsgattorno@gmail.com

WhatsApp: +1 (813)641 4460

Un proyecto editorial de

Tu Libro en 21 dias
www.Tulibroen21dias.net

Contenido

Dedicatoria	8
Introducción	9

Mentalidad

Capítulo 1. Buscando un culpable	12
Capítulo 2. Respondiendo a los retos	18
Principales Retos o peligros Internos	19
Principales retos externos	22
Capítulo 3. Un cambio de Mentalidad	24
Networker con Mentalidad Digital	26

Cinco Pasos para Ser un Networker Digital

Capítulo 1. Paso 1: Crear tu marca personal en Internet	31
¿Qué es tu «marca personal»?	31
¿Por qué necesito crear mi Marca Personal?	33
¿Cómo crear mi Marca Personal?	35
¿Dónde crear mi «marca personal»?	38
¡Información sin acción es una ilusión!	42
Capítulo 2. Paso 2: Definir tu Nicho de Mercado	45
¿Qué es un nicho de mercado?	45
Características de los nichos del mercado	46
¿Cómo determinar mi nicho de Mercado?	48
¡Información sin acción es una ilusión!	52
Capítulo 3. Paso 3: Crear una Propuesta Única de Valor	55

¡Información sin acción es una ilusión!	67
Capítulo 4. Paso 4: Crear un Embudo de Marketing	70
Capítulo 5. Paso 5: Crear un Sistema de Duplicación Online	81
¿Qué es un Sistema de Duplicación?	81
Conclusiones y recomendaciones	85
Una Nueva Era del Network Marketing	86
Datos de Contacto	89
Bibliografía	90

Dedicatoria

A las tres mujeres más importantes de mi vida: a mi hija Claudia, la niña de mis ojos, a mi esposa Zully, mi amor, mi compañera, mi socia, mi sostén y a mi Madre, que me dio la vida, y a la cual amo y respeto profundamente.

A mis maestros y mentores: Jim Rohn, John Maxwell, Victor Hugo Manzanilla, Edgardo Moreno, Jurgen Klaric, Eric Worre, Abel Aubone, Miguel Ángel Romero, Vilma Núñez, Roberto Gamboa, Javier Elices, Maider Tomasena, Luis Eduardo Baron y Juan Meredio. De todos ellos hay aprendizajes aplicados en este libro.

Al Equipo fundador del Proyecto Ser: a José Vidal, director de tecnología y mi amigo por más de 30 años, a Zully Suárez, Directora de Operaciones y mi mano derecha, y a Héctor Picón nuestro diseñador gráfico.

A la Industria del Network Marketing, la más noble, democrática y rentable profesión de la nueva economía.

A mi equipo, al propio y al adoptado, junto a ellos estamos aplicando y validando cada letra del contenido de este libro

A todos infinitas gracias.

Rafa S. Gattorno

Introducción

¡Qué inmensa felicidad me da que hayas decido leer este libro! Todos estamos buscando, y este libro es un resumen de mi búsqueda. Te contaré, sin adornos, mis experiencias y descubrimientos, lo que me funcionó y lo que no, sin aparentar ni exagerar. Creo que esta es la mejor forma de aportar un poco de luz dentro de la oscuridad y el ruido de tanta información.

Si estás aquí, es porque estás involucrado en la Industria del Network Marketing, Redes de Mercadeo, Multinivel, Venta Directa o cualquier otro nombre por el que se conoce esta maravillosa oportunidad de emprendimiento, en la que estamos. Puede que seas muy exitoso o que, por el contrario, estés en zona de frustración, como la inmensa mayoría de los Networkers. Si estás aquí, estás haciendo algo diferente, y tomaré muy en serio la confianza que estás depositando en este humilde servidor.

Puede ser que tu negocio sea 100% presencial y que estés intentando introducirte en la Internet y las Redes Sociales, y que estés agobiado y frustrado, porque no sabes cómo navegar en este mar de información y de «gurús», que te ofrecen propuestas y soluciones que te parecen como si estuviesen hablándote en Chino Mandarín.

Rafa S. Gattorno

Yo sé cómo te sientes, he estado ahí y te comprendo perfectamente. Solo permíteme prometerte algo: «Cuando termines este libro conocerás un paso a paso, tendrás un mapa para saber *cómo llevar tu negocio de Network Marketing (NWM) a la Internet y no morir en el Intento*».

En este libro no encontrarás aquí soluciones y píldoras mágicas. Si llevas algún tiempo en el negocio sabrás de lo que hablo, y que se requiere trabajo duro e inteligente para dominar la Nueva Era del Network Marketing. Este libro no es un libro teórico sino más bien una Guía Práctica, donde te estaré invitando a hacer distintos ejercicios para que conozcas muy de cerca a las 2 personas más importantes de tu Equipo: Al Sr. o Sra. TÚ y a la Señorita AMI (Acción Masiva Imperfecta).

Así, que sin más... ¡Manos a la Obra!

Parte I

Mentalidad

Capítulo 1

Buscando un culpable

Estaba agotado, en cuatro años había logrado llegar a estar en el top, entre el 1% de los más importante de nuestra compañía. Sentía que lo había dado todo para construir una organización. Habíamos sacrificado familia, viajes, amigos para lograrlo. Creía que había llegado al final, que había logrado la tan ansiada libertad.

Pero, pasada la euforia inicial de los múltiples reconocimientos y aplausos, me di cuenta de que no estaba feliz, que algo dentro de mí no estaba funcionando bien.

Comencé a percibir estados emocionales muy parecidos a cuando estuve sometido a todo el proceso de persecución y frustración, de los años previos a mi salida de Cuba. No podía dormir, tenía mal carácter, sentía furia, tristeza, falta de energía, desinterés y hasta una total apatía. No tenía deseos de hacer nada, solo de estar encerrado.

Rafa —yo—, ese líder fuerte, visionario, y optimista que todos los días habla de crecimiento personal, bienestar, etc., estaba en un estado emocional de silenciosa desesperación. Por primera vez en mi vida sentí lo que comúnmente se llama «depresión». Me sentía avergonzado de sentirme así, y cada día me encerraba más en mí mismo, para huir de todo lo que sentía.

La depresión es horrible, estás enfermo pero no sabes de qué, y lo más duro es tener que fingir, frente a tu familia y equipo, «que todo está bien».

Mi primera reacción fue pensar en causas externas. Y, cuando comienzas a buscar es fácil encontrar culpables: tu origen, tu edad, la compañía, el equipo y, un gran etc… Todos eran *culpables*.

Tal era el punto en el que me encontraba, tal era mi estado emocional que consideré muy seriamente dejar mi compañía de Network Marketing. Pensé que la solución era irme a vivir a otro país, y justo eso fue lo que hicimos. No solo cambié de país sino también cambié de continente. Fue un cambio radical de 180 grados y, junto a mi esposa Zully, fui a vivir a España.

La triste y cruda realidad es que estaba huyendo de mí mismo, y en mi huida arrastré conmigo a lo que más quiero, mi familia y mi equipo.

> *Este no es un libro acerca de la depresión, tampoco es un intento de justificarme. Es un canto a la lucha que cada día enfrentamos contra esos fantasmas y miedos que nos atan y que no nos permiten liberar nuestro potencial.*

La vida no es lo que te pasa, sino lo que haces al respecto. Y, en mi caso, siempre he sido un luchador y un hacedor, por lo que comencé a buscar las causas de lo que me estaba pasando. Para ello necesitaba descubrir cómo funcionaba mi mente, y cómo cambiar ese estado emocional que me tenía preso.

Todo esto me llevó en medio de un proceso de búsqueda, mediante libros, cursos, y mentores, hasta encontrar que la respuesta «no estaba en lo externo, sino en lo interno», que el éxito comienza a darse desde dentro hacia afuera, y que sin importar el concepto de éxito que tengas nunca serás exitoso y libre si no logras dominar tu interior, si no logras dominar tu Ser

«Cuando el alumno está listo aparece el maestro», dice una máxima del mundo del emprendimiento. Tuve varios momentos de esos que te hacen «explotar» el cerebro, uno de muchos fue leer el libro «Tu momento es ahora», de Víctor Hugo Manzanilla[1]. En su momento a él le pasó algo muy similar, y descubrirlo supuso un punto de inflexión muy importante en mi vida.

> *No había que buscar tan lejos, ese culpable que estaba buscando fuera, estaba muy cerca, más bien estaba dentro, muy dentro de mí.*

Necesitaba *hacer un cambio*, tanto en mi vida, como en mi negocio. Esa misma necesidad es la que ahora tengo de contar al mundo todo ese proceso de transformación, y la que ha dado vida al libro que ahora lees.

Ya me había reinventado, a los 44 años, cuando llegué al exilio, a Estados Unidos, proveniente de Cuba. Venía de un país comunista, donde me educaron a ser una máquina de entregar resultados, y donde los sentimientos y emociones más nobles se veían como debilidades ideológicas.

En plena crisis del 2008 perdí mi empleo, y descubrí el Network Marketing a través de un anuncio en la Internet. Ahora, ya con más de 54 años, necesitaba una nueva reinvención de mí mismo. Si tienes esta edad coincidirás conmigo que siendo joven es muy fácil, pero que a esta edad es de verdad más difícil, pero para nada imposible.

Todo lo que hago actualmente es enseñar los pasos que yo personalmente di para lograr el éxito financiero, e incluso para poder ir más allá y tener la libertad y el equilibrio en todas las áreas de mi vida.

El proceso de depresión que padecí me hundió unos años bajo el agua, pero me obligó a desarrollar habilidades y fortalezas, hasta que logré salir a la luz con una nueva fuerza interior. Surgió un nuevo Rafa con el propósito de no solo enseñar un método probado para hacer la parte «técnica» de nuestra profesión, sino además explicar como desarrollar esas habilidades «blandas» que te ayudan a destruir tus miedos y construir una vida plena en los aspectos físicos, mentales y espirituales. Mi propósito es dar a otros todo eso que he logrado poder darlo, para así crear un movimiento, y una visión de futuro.

Mi proceso de descubrimiento comenzó en Agosto del 2015. Y hoy soy una nueva persona que sale al mundo para contarte cuáles fueron los pasos que personalmente di, y cómo los puedes replicar hasta que tú mismo encuentres tu propia verdad.

Quizás se preguntes si este camino será duro. Incluso, puede que tengas dudas, miedo, y pienses que pueda ser un proceso doloroso. Sí, recorrer este camino no es fácil, es complicado y te será costoso, pero te aseguro que se puede lograr y que «valdrá la pena».

Para empezar es fundamental que entiendas una frase que se repite hasta el cansancio en nuestra profesión:

Para tener más, hay que «ser» más.

Todo trata de «ser». Por eso nuestro proyecto se llama: «Proyecto Ser». En él hemos pretendido crear algo más que un negocio, hemos querido crear una visión y una misión, un proyecto educativo y de emprendimiento donde poder compartir al mundo lo que estoy aprendiendo, y aplicando.

Siempre he sabido de mi pasión por ayudar a las personas. Esa fue la razón de mi paso por los Sindicatos y la Política en Cuba —quizás esa etapa forme algún día parte de otro libro—. Esa pasión, por ayudar a las personas para lograr sus metas y cambiar sus vidas, se hizo realidad cuando logré construir una red en mi negocio de Network Marketing.

Además, en toda esta búsqueda por reinventarme descubrí dos nuevas pasiones: la tecnología y la formación.

La identificación de estas tres pasiones —ayuda a los demás, la tecnología y la enseñanzas— junto al nuevo empoderamiento de mi ser que había experimentado en este proceso, ponían frente a mí una manera muy diferente de encarar nuestra profesión, un nuevo reto que era lo que realmente necesitaba para volver a soñar.

Así, el día 3 de octubre de 2017 salió a la luz la primera fase del «Proyecto Ser»: una completa y moderna universidad virtual de apoyo a nuestro Equipo y nuestra compañía de

NWM (www.nutriexito.com). Fue como ver que un bebé nace fruto de tu esfuerzo, y con la ilusión adicional saber que apenas era el comienzo.

Este libro forma parte de la segunda fase de nuestro proyecto. Que esta vez está enfocado a apoyar toda la industria del Network Marketing con el lanzamiento de la Universidad Iberoamericana de Marketing de Atracción para Networkers —IMAN University, www.imanuniversity.com— que saldrá a la luz en Agosto del 2019.

Capítulo 2

Respondiendo a los retos

Los cambios en el entorno global para las empresas de mercadeo en red están ocurriendo rápidamente, y en todos los frentes. El cambio en las expectativas de los consumidores, las regulaciones más estrictas, las crecientes demandas digitales y los nuevos competidores nos obligan a examinarnos por dentro y por fuera, cuestionando quiénes somos, de qué tratamos y cómo queremos avanzar.

En la última década nuestra industria está enfrentando grandes retos, unos internos y otros externos. Hay incluso «alarmistas» que dicen que estamos ante un peligro real de extinción como modelo de negocio.

A continuación vamos a analizar cuales son los principales peligros o retos, tanto internos como externos.

Principales Retos o peligros Internos

1. **Las afirmaciones sobre nuestros productos.** Con mucha frecuencia, en los discursos de venta, oímos o hacemos afirmaciones de propiedades milagrosas, curativas y médicas de nuestros productos. Se

presentan testimonios de cura de enfermedades y hasta «consejos» al estilo de que «con estos productos te curarás...» y «...podrás dejar de tomar tus medicamentos y de visitar a tu médico». Esto es un gran error y que tire la primera piedra quien este exento de culpa. Todos lo hemos hecho y en su momento puede ser que funcionara, pero hoy en día esto puede poner en real peligro a nuestra industria.

2. **Afirmaciones como «Esto es fácil».** Si has estado algún tiempo acá ya sabrás que nuestro negocio *«no es fácil»*. El NWM es una profesión simple pero no es fácil. Es una profesión que requiere esfuerzo y trabajo continuado, y que puede afecta anímicamente, ya que hay muchas personas y opiniones con las que lidiar. No todos encontrarán esta profesión fácil, y afirmar que es así podrá en el futuro causar problemas legales para ti o tu compañía, por crear esa falsa expectativa.

3. **Afirmaciones sobre ganancias y estilo de vida extravagante y la posibilidad de hacerse rico rápido y sin esfuerzo.** Las compañías que permitan este tipo de afirmaciones serán sancionadas por falsas promesas.

Según Eric Worre[2], algunos datos que reflejan esta realidad son:

- 7 de cada 10 distribuidores en la industria no han reclutado a ninguna persona.

- 2 de 10 han reclutado entre 1 a 2 personas.

- 5% han reclutado de 3 a 5 personas.

- 3% han reclutado de 6 a 9 personas.
- Y, solo el 2% llega a reclutar 10 o más personas en toda su vida.

Hay que entender y aceptar que «no todo el mundo está preparado para trabajar en esta profesión y asumir que todo el riesgo de su negocio es suyo y que nadie le puede garantizar nada».

4. **Ofrecer productos «excusa" y sin un valor real**. Cada día compañías como Amazon y EBay nos demuestran que se pueden obtener productos con buena calidad y bajos precios. Por tal motivo, si nuestras compañías no comienzan ya a ofrecer productos de calidad y a buen precio pronto nos quedaremos fuera del juego, por la competencia de compañías que sí están dispuestas mejorar y evolucionar. Estas mejoras son necesarias, aun si esto significa que el distribuidor debe de tener menos porcentaje de ganancia, para asegurar calidad y mejor precio al consumidor.

5. **No diferenciar claramente distribuidores de consumidores.** Yo personalmente creo que la manera más efectiva de comenzar en NWM es siendo primero cliente satisfecho de tu producto o servicio. Solo debería hacerse distribuidor aquel que patrocine otras personas. Así hay una diferencia clara de quien es consumidor y quien es distribuidor.

6. **Experiencia del Cliente.** Tanto el distribuidor como la compañía deben de dar el mejor servicio, asegurándose de que la experiencia del consumidor

es maravillosa. De otra manera tu compañía no tendrá oportunidad de éxito en un mercado tan competitivo.

7. **Fraudes piramidales disfrazados de compañías de Network Marketing.** ¡Quién no ha sido o conoce en nuestra industria a alguien que ha sido víctima o tiene familiares involucrados en estos fraudes que proliferan como la mala hierba! Lo triste es que muchas veces son pseudolíderes de la industria los que se convierten en caballos de Troya de estos «piratas» del siglo XXI. Esto da muy mala prensa a nuestros negocios legales y suponen una percepción nefasta en el mercado.

8. **Deficiencias en el liderazgo.** Estamos viendo que hay muchas compañías que aún teniendo altas ventas tienen poco liderazgo. Esto eventualmente hace que esas ventas sean insostenibles. Tenemos que enfocarnos más en crear y ayudar a desarrollar más líderes. Es hora de enfocarnos en desarrollar líderes en esta profesión.

Hay que buscar personas que tengan hambre, que sean enseñables, y con ganas de tener éxito para ayudarles a convertirse en Líderes Sociales.

Enfócate en ser un mentor y ayudarles a que lleguen a ser alguien de influencia, para que mañana sean líderes con o sin ti.

Principales retos externos

1. **Un mayor escrutinio por las entidades reguladoras.** En la última década hemos visto ejemplos de cómo grandes compañías de Network Marketing se enfrentaban al escrutinio de las entidades reguladoras. Ejemplos son:
   - En caso de la compañía Vemma
   - La titánica lucha de Herbalife contra las acusaciones del Inversor Bill Ackman y el posterior escrutinio y acuerdo con la FTC
   - El cambio en el plan de compensación de la compañía AdvoCare para poder responder también al escrutinio de la FTC

2. **Comercio electrónico y redes sociales.** En los últimos 10 años, el comercio electrónico y las redes sociales, principalmente Amazon y Facebook, han transformado la manera en que las personas aprenden y compran productos.

3. **Nuevos actores.** La aparición de nuevos actores en el mundo del emprendimiento, tales como Uber y Airbnb, hacen que el NWM no sea una «novedad».

Siendo honestos, en estas situaciones, la responsabilidad es compartida entre, por un lado, nosotros los Networker y, por otro, los dueños y directivos de las compañías que a veces apuestan a las ganancias fáciles, y los juegos de la bolsa, con todos los riesgos que ello implica.

Rafa S. Gattorno

Ante estos retos tenemos dos opciones, seguir como si nada pasara o hacer algo al respecto.

> *Ya estamos dentro de una «nueva era» del Network Marketing, donde el Marketing y el Liderazgo harán la diferencia, y para ello todos debemos avanzar y realizar cambios, comenzando por un «cambio de mentalidad».*

Capítulo 3

Un cambio de Mentalidad

Uno de los más importantes descubrimientos que hice fue entender que los tiempos habían cambiado y que los métodos y técnicas que estaba aplicando en el negocio de Network Marketing debían ser actualizados.

Había descubierto una gran verdad:

> *Las tácticas y estrategias de la vieja escuela, que el NWM aún utiliza y enseña, ya que en su momento proporcionaron tantos resultados, hoy en día solo asustan a los nuevos, y lo único que consiguen es un gran desgaste emocional y rechazo.*

Puede ser que esta afirmación entre en contradicción con tu creencia. Lo sé porque a mí me pasó. La primera vez que me dijeron esto, incluso cuestioné a la persona que me lo decía y me dije: «¿Qué sabrá este de lo que está hablando?».

Estaba necesitando una nueva mentalidad, porque hasta ese momento tenía una mentalidad presencial, una mentalidad de la vieja escuela del multinivel. Necesitaba una nueva mentalidad digital.

La preparación mental supone el 90% de la ecuación del éxito en NWM, y el otro 10% lo constituyen las técnicas, por eso intentar que entiendas esto es sin duda la parte más importante de este libro.

En los últimos tiempos, hemos asistido a una revolución tecnológica que ha afectado a todos los ámbitos de nuestra vida. El negocio del NWM también se ha visto influenciado, y las nuevas formas de gestión y administración de la empresa han evolucionado hasta convertirse en lo que son ahora.

Nuevos conceptos, nuevos problemas y nuevas decisiones es lo que nos depara este nuevo mundo digital, y para abordarlos debemos hablar sobre un nuevo tipo de Networker: el Networker con Mentalidad Digital.

Networker con Mentalidad Digital

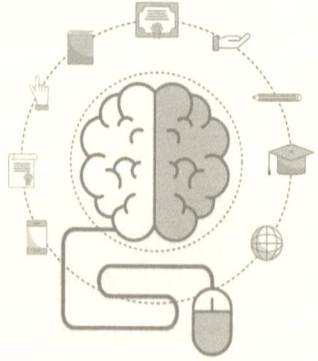

Las características de un Networker con Mentalidad Digital no lo hacen necesariamente un tecnólogo, pero sí se trata de una persona que está bien informada de las nuevas

Hacer el cambio

tecnologías. Los Networkers con Mentalidad Digital son personas que:

- Están al día de lo que ocurre en el mundo digital.

- Piensan que todos los aspectos y procesos del negocio pueden ser mejorados tecnológicamente.

- Incorporan Internet, las redes sociales y la tecnología en general, a sus labores diarias. No sólo la utilizan para hacer su vida más práctica sino que también hacen uso de ella en el entorno del negocio.

- Conocen los riesgos tecnológicos y los tienen en cuenta a la hora de incorporar cambios o mejoras en su negocio.

- Opinan que la tecnología aumenta la competencia entre las compañías. A su vez, pretenden analizar el mercado en un sentido tecnológico y adaptarse a él.

- Miran siempre hacia el futuro y no se estancan en los errores pasados. Quieren innovar y desarrollar nuevos métodos de negocio. Además, siempre pretenden renovarse e incorporar las últimas novedades.

- Tienen en cuenta los nuevos modelos de formación online y buscan atraer talento digital a su organización.

- Dejan de trabajar a nivel local para pensar y trabajar a nivel global, trabajar de 1 a muchos, y no más de 1 a 1.

- Están convencidos de que necesitan aprender nuevas habilidades y técnicas, y están dispuestos a invertir tiempo y dinero en adquirirlas.

- Saben que en los negocios digitales «el éxito ama la velocidad», y por eso saben que hay que aprender e implementar de manera rápida.

- Entienden que en el mundo digital lo único constante son los cambios, y que lo que hoy funciona, mañana puede que deje de hacerlo, por lo que hay que saber adaptarse a ese mundo cambiante.

Podría seguir enumerando más características, pero esta lista es suficiente para que entiendas que si quieres sobrevivir en la Era Digital y la Redes Sociales debes transformarte en un Networker con Mentalidad Digital.

Parte II

Cinco Pasos para Ser un Networker Digital

¡Ok, Rafa! Ya me has persuadido, pero ¿cómo lo hago?

Esta es una gran pregunta. En mi búsqueda he encontrado mucha información que respondían a las preguntas: «¿Qué? ¿Por qué? ¿Dónde?». Pero muy pocas veces he encontrado respuestas a «¿Cómo...?».

Trataré de darte una lista corta de los 5 pasos que yo personalmente he dado para convertirme en un Networker Digital.

Es algo así como el mapa del tesoro.

Rafa S. Gattorno

Capítulo 1

Paso 1: Crear tu marca personal en Internet

Puede que hasta ahora tú creas que «la marca» es tu Compañía o tu producto. Y eso «no» es así. La marca eres tú, y mientras más rápido te adaptes a esta idea más fácil será que entiendas y apliques lo que te mostraré en esta Guía Práctica.

¿Qué es tu «marca personal»?

Tu «marca personal» es lo que está en la mente y el corazón de las personas cuando piensan acerca de ti.

El concepto de marca es fácil de entender en el mundo corporativo si por ejemplo te digo: «Cierra los ojos y piensa en Hamburguesas». Seguramente pensarás inmediatamente en McDonald, porque McDonald es una marca. Otro ejemplo lo reconocerás si te digo: «Piensa en un modelo de teléfono». Seguramente pensarás en IPhone o en Samsung, según tus preferencias, porque Apple y

Samsung son marcas, y es inevitable pensar y sentir algo cuando se habla de ellas.

Tu «marca personal» o «personal branding», es como te das a conocer tú mismo, se refiere a como te identificas tú como persona, y como te ven los demás.

Tu «marca personal online» debe ser una extensión de quién tú eres fuera de internet. Porque tu marca no puede tener doble cara, tu marca personal debe ser transparente y única.

Tu *marca personal* se va a ver identificada por lo que tú puedes ofrecer, por cómo puedes ayudar a un grupo de personas específicas, con esos talentos que posees.

Tu *marca personal* va a ser la huella que tú dejas en las personas que entran en contacto contigo, aquellas que te siguen, y que pueden ser tus clientes, e incluso tus amigos.

Algunos emprendedores online tratan de *aparentar lo que no son*, lo que no tienen, y tratan de imitar a otras personas. Pero, ¿sabes qué? Eso no es dar a conocer tu propia marca personal, eso es dar a conocer la «marca personal» de la persona a la que estás imitando.

Mi mejor consejo es que seas auténtico, que seas tú mismo, porque a la hora de la verdad es a ese tipo de personas que se identifica contigo al que deseas atraer hacia ti, ya sea para que en un futuro puedan ser tus clientes o tus futuros distribuidores, para hacer negocios o simplemente para que puedan ser tus fans y «amplifiquen» tu marca entre sus amigos y conocidos.

Ahora te pregunto: «¿Cuándo las personas oyen tu nombre que es lo que viene a su mente? ¿Qué sienten?».

¿Por qué necesito crear mi Marca Personal?

Estamos viviendo en la «era del individuo», de la persona, donde tú eres lo más importante. Pero te tienes que dar a conocer, te tienes que convertir en el mejor en tu *nicho de mercado*, el mejor en lo que te gusta hacer. Y, ¡el mundo tiene que saberlo!

No puedes seguir siendo el experto a escondidas, y que solo en tu casa sepan que eres bueno en tal o cual tema, haciendo tal o cual cosa. ¡No puede ser que solo lo sepan tus amigos, tus vecinos y tus compañeros de equipo!

No puedes seguir con tanto talento en la oscuridad. Tienes que dar a conocer eso que te identifica y te hace único. Porque, si no te das a conocer te vas a quedar fuera del juego. Y, si estás pensando que no tienes talento, estás equivocado, porque todos tenemos talentos y nos destacamos en ciertas actividades.

Hace años se hablaba de la globalización, entre países. Sin embargo, hoy en día se está dando una globalización, pero de talentos. Hoy se está compitiendo en conocimientos, en talentos, en cómo tú me puedes ayudar a mí, y qué me ofreces diferente a tu competencia. Porque yo tengo que escogerte, a ti antes que al otro. Esa es la dinámica de hoy.

De la noche a la mañana las compañías han perdido el poder, y este ha pasado a los individuos que tienen el capital del conocimiento.

Tú vales oro, tu marca personal o personal branding vale millones de dólares.

A lo mejor estás pensando: «Pero, ¿cómo es eso de que mi marca personal vale millones?». Pues sí, así es; porque tú eres único, y sólo tú haces las cosas como tú sabes hacerlo.

Hoy día, el emprendedor como tú es el protagonista. Tú eres el protagonista, tú eres el centro, tú eres tu propia empresa, y decides qué hacer, cómo hacerlo y cuándo hacerlo.

Tú tienes la responsabilidad de tus ingresos, de tus vacaciones, de tu tiempo, tú escoges a quién ofrecer tus servicios. Tú escoges a quién unir a tu equipo; en fin, tú tienes el control.

En resumen, creado tu marca personal lograrás:

- Posicionarte como un experto o autoridad en tu nicho de mercado.
- Ser atractivo y popular, ser un imán de prospectos.
- Acelerar tu carrera como Networker.
- Aumentar tu credibilidad, y por asociación la de tu Equipo y Compañía.

¿Cómo crear mi Marca Personal?

Define tu pasión, y si esta se puede monetizar hazla tu negocio.

Hacer el cambio

Si realmente deseas hacer un cambio significativo en tu vida o en tu negocio, ya sea porque tu situación te resulta tediosa o, sencillamente, por puro sentido de realización, no cabe la menor duda: ¡Tienes que embarcarte en la importante misión de descubrir tu pasión!

El término pasión tiene dos significados principales:

- El primer significado la define como la inclinación, preferencia o deseo muy vivo hacia alguien o algo, por ejemplo, tu pasión por el futbol, la música, la actividad física, etc.

- El segundo significado está relacionado con el padecimiento o sufrimiento. Así, todos hemos oído hablar, por ejemplo, de «La pasión de Cristo».

Es decir, el término pasión es, por un lado, una preferencia, inclinación o deseo muy vivo hacia algo o alguien y, por otro lado, padecimiento y sufrimiento.

Pero, además, no existe nada importante, grande y magnífico en la vida que se pueda lograr sin sufrir, que no sea necesario padecer para poder llegar a ello.

Cuando una persona toma conciencia de que su estado de salud es malo y se pone a trabajar duro para controlar su peso, y a hacer ejercicio para mejorar su condición física, en definitiva, está sufriendo y, a pesar de ello, está dispuesto a esforzarse para ver hecha realidad esa pasión y ese deseo que siente.

Entonces, cuando vayas a definir tu pasión hazte la pregunta: «¿Por qué causa estoy dispuesto a sufrir?»

Hay otras preguntas que te ayudarán al descubrimiento de tu pasión:

- ¿Qué te mantiene entusiasmado?
- ¿Qué hay ahí afuera que te cautive?
- ¿Qué motiva tu creatividad y tu imaginación?

Una vez definida tu pasión, no habrás terminado aún, porque deberás responder esta pregunta:

¿Mi pasión se puede monetizar en mi negocio de Network Marketing?

Y, ¿qué significa esto? Pues que si lo que te apasiona no se puede conectar con tu negocio, entonces tu pasión no se puede monetizar en tu negocio de Network Marketing y lo que tienes es realmente un hobby, y aunque no es delito tener hobbies, éstos no son el objetivo de este libro.

Pongamos algunos ejemplos para que puedas entender mejor todo esto:

1. *Digamos que te apasiona cocinar, y que estás desarrollando un negocio, en el que una de sus áreas es el control de peso. Si comienzas a desarrollar maneras de compartir a tu comunidad recetas nutritivas, sabrosas, saludables y de bajo costo, ¿qué crees que pasara? ¿Podrás encontrar clientes para tu producto a partir de esa pasión que tienes por la cocina?*

2. *Supongamos que te apasiona el ejercicio, y que igualmente tu compañía tiene una línea de productos enfocada a la actividad física o la energía. Podrías*

comenzar a crear una comunidad donde compartir rutinas de ejercicios que se puedan hacer desde casa. Igualmente, de esta manera podrás encontrar personas para que consuman tus productos, apasionados como tú a la actividad física y que quieran hacer lo mismo, como oportunidad de negocio. ¿Tiene esto sentido para ti?

Puede ser que tu pasión no se conecte de ninguna manera con tu negocio de Network Marketing. Entonces siempre tienes la opción de intentar encontrar una nueva pasión, que pueda adaptarse a dicho negocio, y en caso de que no la encuentres, será el momento de que te preguntes por qué estás en ese proyecto que no te apasiona.

Solo ahora piensa en tu pasión y como puedes «conectar» tu pasión con tu producto u oportunidad.

¿Dónde crear mi «marca personal»?

Una vez que hayas definido tu pasión necesitar escoger el medio por el cual vas a hacer llegar tu mensaje a los demás. Actualmente, la forma más práctica para ello es utilizar todas las herramientas que internet te ofrece como medio de darte a conocer.

Tu página web personal

Entre todas las herramientas que internet te ofrece para la construcción de tu marca personal la más sencilla y fundamental para comenzar es crear tu propia página web personal, que incluya un Blog.

En una página web podrás describir:

- Quién eres.
- Cuáles son tus valores y creencias.
- El propósito y la misión de tu vida.
- Tus objetivos.
- Qué te hace feliz.
- Qué problemas son a los que ayudas a resolver a las personas.
- Cómo ayudas a resolver esos problemas
- De dónde vienes.
- Etc.

Debe incluir un blog, porque es donde vas a comenzar a hablar de ti, y de lo que tú puedes hacer por un grupo de personas específicas.

Tu blog será como tu oficina, tu casa, tu negocio, tu recibidor... Da igual como le quieras llamar, pero es en tu blog donde las personas van a llegar a saber de ti.

En tu blog debes tener un sistema de autorespondedor integrado para comenzar a crear «tu Lista» de prospectos, suscriptores y clientes.

Tu lista es tu mayor tesoro, tu lista es algo verdaderamente tuyo, es un activo que hay que cuidar y constantemente hacerla crecer.

A manera de ejemplo te muestro mi página web personal www.rsgattorno.com.

Si no sabes cómo crear una página web profesional, no te preocupes, porque «queremos ayudarte y sabemos cómo hacerlo». Para ello, dirígete al área de «Contacto» de nuestro sitio web de Imán University (www.imanuniversity.com), y ahí podrás contratar los servicios de nuestro equipo de diseño web, para tener tu página web en 21 días.

Perfil personal y página de fans en Facebook

Otras opciones para crear tu marca personal te la dan las redes sociales como Facebook e Instagram, a cuyas reglas deberás regirte a la hora trabajar. Aunque nunca debes de prescindir de tu web personal con tu blog y tu «lista de contactos».

La razón fundamental de por qué es muy importante tener un blog personal conectado a un autorespondedor para crear "Tu lista", es porque aunque tengas cientos, miles, e incluso millones de fans en Facebook y seguidores en Instagram, estos prospectos *no son tuyos*, son de Facebook e Instagram.

Es muy importante que entiendas esto. No obstante, deberás construir un perfil personal en Facebook, acorde a tu marca, y una página de fans que complemente toda la información que compartes en tu sitio web.

Perfil personal profesional en Facebook

Antes que nada debes decidir si tu perfil personal de Facebook solo será personal o también lo emplearás para tu negocio. Mi recomendación es que tu perfil personal sea solo eso, para asuntos personales, para socializar, para exponerte y compartir tus fotos, ya sea de tu familia o actividades que realices, para compartir publicaciones que inspiren a tus amigos y les dejen saber el tipo de persona que eres tú. Ten en cuenta que en tu perfil personal se aplica claramente lo se suele decir que «una imagen dice más que mil palabras».

Es muy cierto que en Facebook cualquier persona que llega a tu perfil, con solo ver las publicaciones que tienes en tu muro, se puede dar cuenta de quién eres, de tus intereses, de las causas con las que te identificas. Porque tu perfil es como una radiografía de ti.

Página de fans Personal

En tu página de fans vas a hacer publicaciones para satisfacer a tu audiencia, a las personas que están siguiendo tu página porque desean aprender más de lo que compartes y de lo que tú puedes hacer por ellos.

En tu página de fans vas a dar una «probadita» de lo que pueden encontrar en tu blog, por ello tu página de fans debe ser un puente para llevar a tu audiencia hacia tu blog.

Te aconsejo que esté muy pendiente al próximo lanzamiento de video curso «Marca», dentro de Imán University.

Otros canales para amplificar tu marca personal

Además de tener tu perfil en Facebook y tu página web personal, es también muy recomendable que tengas un canal de YouTube o un Podcast, donde puedas compartir periódicamente contenido de valor tanto en video como en audio. Ten en cuenta que los contenidos en video y audio son de los más consumidos y demandados por los Networker, y el público en general.

¡Información sin acción es una ilusión!

Ya te comenté antes que la pretensión de este libro no era la de ser una guía teórica, sino que más bien era ser una guía práctica en la que se te incita a la acción. Así pues, ha llegado el momento de la *acción masiva imperfecta* (AMI).

Y, ¿cómo vamos a llevar esta AMI? Pues, aplicando lo aprendido mediante ejercicios, que repartiremos a lo largo de los distintos capítulos. Aquí están los primeros.

Ejercicio 1

Selecciona un grupo de 5 a 10 personas en las que tengas mucha confianza, para que te respondan este cuestionario acerca de ti:

    a. ¿Cuándo piensas en tu nombre que es lo primero que se les viene a la mente?

    b. ¿Cuándo piensas en tu nombre o ven una imagen tuya, que sentimiento les produce?

c. Si tuvieran que recomendarte para alguna tarea, servicio o algún trabajo, ¿para que dirían que eres bueno?

d. ¿Cuál o cuáles piensan que son tus virtudes más importantes?

e. Si pudieran describirte con una palabra o expresión, ¿cuál sería?

A partir de sus respuestas, sacarás tus propias conclusiones. Te advierto que quizás algunas respuestas no te van a gustar. Pero, lo importante es que aprendas y hagas las correcciones y cambios correspondientes.

Ejercicio 2

Limpia tus redes sociales de cualquier alusión a tu compañía de Network Marketing, y a tu producto. Antes debes definir si emplearás tu muro para negocio o solo para lo personal. Y, además, crea una página de fans personal. Existen en YouTube un sinnúmero de excelentes tutoriales de cómo crear una pagina de fans en Facebook. También, si quieres puedes contratar el servicio de nuestro equipo de diseño gráfico para crear un logo, banner y un video introductorio personalizados a tu gusto.

Para que veas un ejemplo de nuestra página de fans personal, te la comparto el enlace de la mía: http://www.facebook.com/rsgattorno

Ejercicio 3

Crea un plan de contenido de atracción para «alimentar» tu blog y a la comunidad que empezarás a crear en tu página de fans.

Para comenzar te recomiendo como mínimo un artículo del blog a la semana, y de *tres a cinco* publicaciones diarias de contenido de atracción como imágenes, frases, videos, y Facebook Live, en tu página de fans —fans page—.

Hay muchas herramientas, pero yo recomiendo utilizar www.canva.com para elaborar tus imágenes de una manera muy fácil y profesional.

> *Ser una «marca» es el primer paso para garantizar tu éxito en esta nueva era del Network Marketing de Atracción.*

Rafa S. Gattorno

Capítulo 2:

Paso 2: Definir tu Nicho de Mercado

La vieja escuela del Network Marketing nos enseña que «nuestros productos y servicios son para todo el mundo». Esto en sí, dicho de esa forma, podría parecer verdad, pero en Marketing las cosas funcionan diferente ya que «si le vendes a todo el mundo, no le vendes a nadie».

Si pretendes vender a todo el mundo terminarás no vendiéndole a nadie. Por eso, identificar tu verdadero nicho de mercado es el segundo paso imprescindible para transformarte en un Networker Digital.

¿Qué es un nicho de mercado?

Un *nicho de mercado* es un término de mercadotecnia utilizado para referirse a una porción o segmento de mercado en la que los individuos poseen características y necesidades homogéneas, y éstas últimas no están del todo cubiertas por la oferta general del mercado.

Los nichos de mercado están fundamentados en reconocer en la segmentación una nueva oportunidad de negocio. Oportunidad que, por lo general, surgen de necesidades insatisfechas que pueden ser explotadas económicamente por tu producto y/o servicio, aunque también puede surgir porque no hay suficientes *ofertas de valor* que las puedan satisfacer adecuadamente.

A la hora de enfrentar una actividad fructífera en un nicho de mercado determinado debemos tener en cuenta dos cosas básicas. La primera es que éste debe ser lo suficientemente amplio para derivar de él un negocio rentable y, la segunda, es que tenemos que conocer si existe competencia, y el nivel de ésta. Aunque esta última no es necesariamente algo negativo, ya que así sabremos que ya existe un público y por lo tanto una demanda.

Características de los nichos del mercado

En general, un nicho de mercado presenta las siguientes características:

- **Es un grupo pequeño** compuesto por personas o comunidades en una cantidad reducida, si se compara con el segmento de mercado al que pertenece.

- **Tienen necesidades y deseos específicos y parecidos.** Por lo general, consisten en necesidades o deseos muy particulares y que, además, tienen su grado de complejidad. Por ello, este grupo está dispuesto a pagar un «extra» para adquirir el producto o servicio que cumpla con sus expectativas.

- **Existe voluntad para satisfacer sus necesidades y deseos.** Es decir, las personas que forman parte de ellos presentan una «buena predisposición» por adquirir un producto o servicio que satisfaga sus expectativas, y tienen la «capacidad de tomar decisiones de compra».

- **Existe la capacidad económica.** Cada componente del «nicho de mercado» tiene suficiente capacidad económica para permitirse incurrir en los gastos necesarios para obtener el producto que satisfaga de su necesidad o deseo. Incluso, están dispuestos a pagar un monto adicional por lograr una mejor satisfacción.

- **Requiere ofertas especializadas y personalizadas.** Al existir necesidades o deseos con características específicas e incluso complejas, el nicho de mercado requiere de proveedores especializados y capaces de cubrir sus expectativas.

- **Tiene tamaño suficiente como para generar utilidades.** Un nicho de mercado ideal es aquel que tiene el tamaño necesario como para ser rentable.

En resumen:

Tu nicho de mercado, es aquel segmento del mercado que necesita tu producto y/o servicio, que valora tu producto y/o servicio y que tiene el dinero para pagarlo. Si el público al que te estás dirigiendo no cumple estas tres características, solo recibirás rechazo por parte de ellos y la correspondiente cuota de frustración para ti.

¿Cómo determinar mi nicho de Mercado?

Tu nicho de mercado, ese segmento de mercado que estás buscando, está compuesto por personas que tienen determinadas características particulares, que debes aprender a identificar. En los diferentes cursos que he tomado, en mi afán por reinventarme, me enseñaron diferentes métodos para identificar los nichos de mercado. Los dos cursos y métodos más importantes que aprendí son:

- En el curso «El Cuadrante del Millón de Dólares» aprendí de nuestro mentor Edgardo Moreno[3] que hay que encontrar tu nicho de mercado tienes que definir muy bien el dolor, las frustraciones, las necesidades y los deseos de tu cliente ideal.

- En el curso «El mapa de empatía y el poder de las preguntas», de Abel Aubone[4] en Maestros Online, aprendí que para encontrar tu cliente ideal hay que determinar qué piensa y siente, qué oye y qué ve, qué dice y hace, cuáles son sus debilidades y/o temores, y cuáles son las motivaciones y resultados que desea.

Personalmente, entender esto fue uno de los ejercicios que más trabajo me costó, y la manera en que mejor lo hice fue mediante ejemplos. Es por ello que aquí te comparto algunos ejemplos para ilustrarte.

Ejemplo de definición de nicho de mercado para productos de control del peso.

Datos demográficos: Mujeres de 25-45 años, con hijos y con enseñanza universitaria o similar.

Temores: Seguir subiendo de peso, no verse bien y ser rechazada por su pareja.

Frustraciones: No poder usar la ropa que quiera.

Necesidades: Mejorar la autoestima y necesitad de apoyo emocional.

Deseos: Adquirir un estilo de vida activo y saludable, con cambios duraderos en su hábitos.

Identidad: Vivir saludablemente, sentirse bien consigo misma.

Aspiraciones: Controlar su peso y verse atractiva.

Tus Competidores: Productos de control de peso de Amazon, productos chinos, cremas mágicas, productos farmacéuticos y cirugías.

¿Cuál es el problema del prospecto en detalles? La decepción y el rechazo

¿Cuál es el costo que provoca el problema en estas tres monedas por año: dinero, tiempo y esfuerzo? Medicamentos, nueva ropa, problemas en su trabajo, calidad de vida.

¿Cuál es el impacto emocional en el corto plazo y qué pasará si no hace nada en el largo plazo? La depresión, la enfermedad, y la muerte prematura.

En el siguiente capítulo veremos cómo puedes tú, en base a esta información crear un mensaje ganador u oferta irresistible para este nicho de mercado.

Ejemplo de definición de nicho de mercado para la oportunidad de negocio.

Datos demográficos: Hombres de 30-45 años, con hijos y estudios universitarios.

Temores: Pueda perder su trabajo.

Frustraciones: Problemas con su pareja por carencias materiales y falta de dinero.

Necesidades: Aprender e construir una segunda fuente de Ingresos.

Deseos: Vivir en armonía con su familia, ver a sus hijos crecer felices y que puedan tener una mejor educación.

Identidad: Padre feliz.

Aspiraciones: Tener casa propia, viajar y tener libertad de tiempo y dinero.

Tus competidores: Otras oportunidades de negocio, agencias de viajes, etc.

¿Cuál es el problema del prospecto en detalles? El miedo a perder el trabajo.

¿Cuál es el costo que provoca el problema en estas tres monedas por año: dinero, tiempo y esfuerzo? Deudas por préstamos recibidos, el paso del tiempo y no ver un buen futuro para él y su familia, ir envejeciendo y tener cada día menos energía.

¿Cuál es el impacto emocional en el corto plazo y que pasara si no hace nada en el largo plazo? La depresión, la separación, los conflictos,y el estrés excesivo que lo pueden llevar a enfermar o tener un ataque el corazón.

En el siguiente capítulo veremos cómo puedes tú, en base a esta información crear un mensaje ganador u oferta irresistible para este nicho de mercado.

Si tu compañía maneja más de un producto y servicio, recuerda hacer esto para cada línea de producto y servicio. Esto es clave, porque recuerda: «Si le vendes a todos, no le vendes a nadie».

¡Información sin acción es una ilusión!

Ya te comenté antes que la pretensión de este libro no era la de ser una guía teórica, sino que más bien era ser una guía práctica en la que se te incita a la acción. Así pues, ha llegado el momento de la *acción masiva imperfecta* (AMI).

Y, ¿cómo vamos a llevar esta AMI? Pues, aplicando lo aprendido mediante ejercicios, que repartiremos a lo largo de los distintos capítulos. Aquí están los siguientes.

Ejercicio 1

Basado en los ejemplos que te compartí anteriormente, establece un nicho de mercado para tu producto y/o servicio. Para auxiliarte en ello responde las siguientes preguntas:

1. ¿Con qué edades de clientes te sientes más cómodo para trabajar?

2. ¿Cuáles son los 5 problemas más frecuentes que tienen tus prospectos y a los que tú puedes ayudar con tu producto y/o servicio?

3. ¿Cuál es el precio emocional y psicológico que paga tu prospecto, si no toma en cuenta tu propuesta de producto y/o servicio?

4. ¿Cuál es el precio físico que paga tu prospecto, si no toma en cuenta tu propuesta de producto?

5. A partir de las respuestas 3 y 4, haz una lista de 7 beneficios que tiene tu producto y/o servicio para tu prospecto ideal.

Ejercicio 2

Basado en los ejemplos que te compartí anteriormente, establece un nicho de mercado para tu oportunidad de negocio. Para auxiliarte en ello responde las siguientes preguntas:

1. ¿Con qué edades de socios te sientes más cómodo trabajar?

2. ¿Cuáles son los retos más importantes que enfrentan tus potenciales socios?

3. ¿Qué tipo de libros crees que leen tus potenciales socios?

4. ¿Qué tipo de programas de televisión crees que ven tus potenciales socios?

5. ¿Sobre qué temas crees que tus potenciales socios buscan información en Google o YouTube?

6. Basado en tus respuestas anteriores, ¿qué temas de ayuda podrías tú ofrecer para ellos, ya sea de forma escrita, en audio o en video?

Capítulo 3:

Paso 3: Crear una Propuesta Única de Valor

¿Cuál es tu punto diferenciador? ¿Qué es aquello que tú traes al mercado que es único, y que te hace a ti diferente a los demás? Responder a estas preguntas requiere de honestidad pura, y para hacerlo es necesario que antes tú te preguntes:

- ¿En qué eres realmente bueno?
- ¿En qué eres mejor que los que te rodean?
- ¿Cuáles es la frase que define el valor que tú agregas a los demás? Y, ¿por qué es única?

Si hiciste el ejercicio 1 del Capítulo 1 de Marca Personal, y pediste a 5 o 10 personas que respondieran las preguntas que te indicamos, ahí encontrarás las pistas que necesitas para responder ahora tú.

Pero, como conozco que una de las más grandes enfermedades de los Networkers es la posposición, te propongo la siguiente alternativa, otro ejercicio práctico que te puede ayudar a lograr el mismo objetivo:

Acude a algún familiar o amigo cercano, con el que tengas confianza y hazle esas mismas preguntas pidiéndoles una opinión sincera.

Explícale que tú deseas entender en qué eres bueno y que agradecerías mucho que te explicara en qué siente que tú tienes una gran capacidad.

Lo cierto es que todos tenemos tremendas habilidades que nos hacen únicos para algo, pero lo que ocurre es que a veces no las hemos detectado. Sin embargo, es importante pensar en ellas, en su existencia, para localizarlas.

Tu punto diferenciador, aquello que te hace singular, será la clave de tu éxito en el mercado.

Si tú quieres llevar a cabo un proyecto basado en tu pasión, para poder capitalizarla, vivir de ella y monetizarla en tu negocio de Network Marketing es importante que nunca lances al mercado algo que sea igual a lo de los demás, porque de alguna manera necesitas ser único.

El mercado no acepta lo que los anglosajones denominan los «me too», es decir, propuestas iguales que se dirigen al mercado con distinto nombre. Si lo haces, es posible que al principio te funcione un poco, y que adquieras algo de la cuota del mercado, pero si no traes innovación al mercado, y no tienes un punto diferenciador, al final tú, tú marca personal, tu negocio y tu proyecto pasarán a convertirse en lo que se conoce como un «commodity», una mercancía.

Un «commodity» básicamente es algo, una marca o un producto, del que la gente no le importa en absoluto otra cosa que no sea el adquirirlo lo más barato posible.

Hacer el cambio

Ejemplos de «commodities» son el pan, el azúcar, el hielo, etc. Así, cuando vas al supermercado, tú, como el 99% de las personas, compras cualquier azúcar, sin importarte la marca. Simplemente escoges aquel que es más barato. Por supuesto que actualmente encontramos distintas variedades de azúcar, como el azúcar moreno, el de caña, y lo mismo ocurre con el hielo que lo encontramos picado, redondo... Es decir, incluso en estos productos básicos hay otras variedades y otras marcas que están tratando de salir de la espiral del «commodity».

Si no defines tus capacidades y tu punto diferenciador, inevitablemente te conviertes en un «commodity» y, por lo tanto, siempre van a pagar por tus productos y servicios lo más bajo que se pueda pagar en tu mercado.

En este punto te pregunto: «¿Cuántos distribuidores hay en tu compañía?». Todos tienen el mismo producto y/o servicio, ¿verdad? Entonces, la pregunta verdaderamente importante que debes responder es: «¿Por qué te deberían comprar a ti y no a otro?».

> *Si tú ofreces lo mismo que todos eres un distribuidor «commodity», sin embargo si tú tienes un punto diferenciador y ofreces valor extra te conviertes en distribuidor «marca».*

Cuando tú posees un punto diferenciador, cuando eres un experto en un tema en concreto o has estudiado sobre un tema en concreto, tu valor para el mercado aumenta y te conviertes en un líder social, y este tipo de personas sencillamente es muy cotizada.

Cuando creas una marca, con unas características, cualidades y beneficios únicos, con una historia que las personas saben de corazón que hace que tu producto o servicio es único, estarán dispuestas a pagar mucho más por adquirirlo.

Si tú encuentras tu punto diferenciador, aquello en lo que eres bueno, esa área en la que tú tienes una capacidad única, y lo tienes claro tanto a nivel personal como en tu negocio, la gente y el mercado siempre va a estar dispuesto a pagar extra por tus productos y servicios.

El mundo se mueve a través de los mensajes. Las grandes marcas conocen esto muy bien. Así, por ejemplo, «Coca Cola» te dice: «Destapa la felicidad». No te venden una bebida azucarada llena de calorías vacías, sino que te venden «felicidad». Por su lado, Apple te dice: «Think different». No es tecnología lo que te vende, lo que te vende es «diferencia», para que tú te sientas «cool» cuando tienes la tecnología Apple.

El gran desafío del Networker es que a todos nos educaron para hacer y decir lo mismo. Todos tenemos productos, beneficios, fórmulas e ingredientes similares. Entonces, ¿dónde está la diferencia?

En un mundo tan interconectado y competitivo, salir a vender se hace cada vez una tarea más desgastadora y difícil, por eso debes entender que lo que vendes no es tu producto y/o servicio sino el mensaje que está detrás.

Debes aprender la técnica de «vender sin vender», a vender a la mente y al corazón de tus prospectos. Debes dar beneficios, soluciones a sus problemas, reducir sus miedos y proveerles placer, conectando desde el corazón a la emoción.

Por eso es imprescindible que crees «tu diferencia».

Veamos algunas maneras de hacerlo con algunos ejemplos prácticos. Para ellos utilizaremos dos métodos:

Método Uno: Probar y conocerte

Si tu oferta de entrada son muestras gratis de tu producto, de manera que el prospecto pueda probar, si a esto le unes, por ejemplo, un entrenamiento gratis, una explicación de cómo utilizarlo, o una sesión o entrevista personalizada gratis contigo, estarás creando una oferta irresistible, de un extraordinario valor para tu prospecto.

Método dos: Crear un Mensaje Millonario

Hay varias opciones a la hora de crear un mensaje millonario. A continuación analizaremos tres de ellos.

1. Las 3P´s del Mercadeo Social.

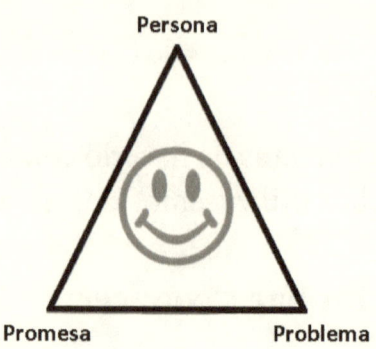

En la vieja escuela del NWM el enfoque fundamental está en el producto y sus benéficos, pero en el mundo digital la relación con tu nicho de mercado se logra desde el triángulo de las 3P's del mercadeo social, formado por la Persona, el Problema y la Promesa.

> **Persona.** Lo más importante son las personas que forman nuestro nicho de mercado. Debemos conocer sus dolores, retos, y obstáculos.
>
> **Problema.** Cuando conoces los problemas, dolores, temores de tu nicho de mercado, y el precio emocional que pagan por no resolverlo, puedes hacer una propuesta para su resolución.
>
> **Promesa.** Debes encontrar una solución o promesa que haga feliz a tu prospecto, y que logre los resultados esperados. Una promesa debe ser creíble, práctica y, aun mejor, debería estar validada por la congruencia de quien la ofrece y por testimonios de resultados.

Hacer el cambio

A continuación te presento ejemplos de como realizar un mensaje millonario utilizando las 3 P's.

Ejemplo 1. Mensaje para productos de Control de Peso

Si Ud. es de las personas que batalla con el sobrepeso y este es su principal problema yo puedo ayudarle. Puedo enviarle directamente hasta su casa un set de muestras de nuestro programa de control de peso, además de un plan de alimentación, que incluye recetas saludables y fáciles de elaborar, y una lista de la compra. Esto le permitirá probar el sabor de nuestros suplementos y tener los primeros resultados, así ambos podremos saber si estarías listo(a) para hacer nuestro «Plan de Control de Peso» y unirte a nuestra comunidad online de soporte al cliente.

Ejemplo 2. Mensaje para oportunidad de negocio.

Si Ud. es de las personas que está frustrado(a) y tiene problemas con el dinero, el salario no le alcanza y no llega a fin de mes, yo puedo ayudarle a que genere una segunda fuente de ingresos con nuestra oportunidad de negocio. En nuestro equipo hemos desarrollado una metodología, paso a paso, que sin importar la experiencia previa que tenga le permitirá comenzar a generar esos ingresos extras, sin dejar su empleo actual y, lo más importante, estaremos con Ud. acompañándole en todo el proceso.

2. Mensaje millonario desde la empatía.

Para conformar un mensaje millonario desde la empatía hay que conectar emocionalmente con el problema, y realizar una promesa utilizando una prueba social o testimonio, que marcará la diferencia y presentará una oferta irresistible.

Ejemplo 1. Mensaje para productos de Control de Peso

Problema: Si Ud. es de las personas que están batallando con el metabolismo y siente que la gente le rechaza porque tiene un cuerpo diferente.

Promesa: Si Ud. quiere a un coach (asesor) que le ayude a entender su metabolismo y a cómo controlar ese desafío que tiene.

Prueba o Testimonio: Déjame contarte el caso de María, que estaba en la misma situación que tú y luego de 6 meses de trabajo conmigo, ahora se siente mejor. Su familia está muy contenta, sus compañeros de trabajo la ven mucho mejor y se ve mucho más joven, luego de perder 30 libras.

Diferencia: La diferencia entre este programa y otros programas es que aparte de los productos vas a tener un entrenador personal, que soy yo, y me encargaré de acompañarte en todo el proceso.

Oferta Irresistible: Si tomas la decisión de trabajar conmigo vas a obtener:

- Beneficio 1.
- Beneficio 2.

- Beneficio 3.
- Beneficio X.

Nuestro programa tiene un valor de XX$, pero si lo adquieres ahora los vas a tener en XX$, que es un precio promocional para nuevos clientes.

Si unes todo lo anterior, completas los espacios y lo adaptas a tu producto y/o servicio tendrás un potente mensaje.

Ejemplo 2: Mensaje para oportunidad de negocio

Problema: Si Ud. es de las personas que trabaja en una empresa por XX tiempo y se ha dado cuenta que no crece, que no aumenta su salario y no gana lo que se merece.

Promesa: Tengo un programa de negocios que puede ayudarle a generar un ingreso a tiempo parcial o en el futuro a tiempo completo.

Prueba o Testimonio: Hay XX personas que trabajaron conmigo y están obteniendo XX resultados en XX tiempo.

Diferencia: La diferencia de trabajar conmigo o con otro es que yo le voy a dar la capacitación necesaria, una estrategia y metodología paso a paso, y además seré tu coach personal para ayudarle a generar esos ingresos.

Oferta Irresistible: Si toma la decisión de trabajar conmigo tendrá los siguientes beneficios:

- Beneficio 1.
- Beneficio 2.
- Beneficio 3.

- Beneficio X.

Comenzar a trabajar conmigo tiene un costo de XX$ (Programa o Paquete de entrada más grande de tu compañía), pero en el día de hoy tengo una oferta para Ud.. Puede comenzar con XX$ (Programa o Paquete medio de tu compañía) pero en este caso solo tendrás los beneficios XX, pues el resto que le dije anteriormente solo está disponible para los que entran con el Paquete (Programa) de XX$(más grande).

Nota: Al hacerlo de esta manera dará sentimiento de escasez y pérdida, y verás su nivel de compromiso.

Une todo lo anterior, completas los espacios marcados con XX y adáptalo a tu oportunidad de negocio, y tendrás un potente mensaje.

3. Mensaje desde el Cuadrante Millonario

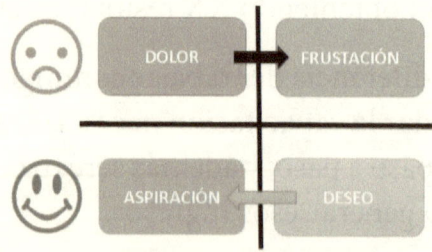

Este es mi método favorito para crear mensajes de atracción millonarios. Doy crédito al maestro Edgardo Moreno[3] que fue quien me lo enseñó.

Ejemplo 1. Mensaje utilizando el cuadrante para Control de Peso.

Nicho: Mujeres de 30-45 años con sobrepeso.

Dolor: No puede controlar su peso y tiene problemas de autoestima.

Frustración: Se siente mal emocionalmente, con baja autoestima, y recibe muchas críticas.

Deseo: Sentirse bien y ser aceptada.

Aspiración: Sentimiento de satisfacción de conseguir su peso ideal y verse espectacular.

Si Ud. es de las personas que ha estado batallando con el tema del peso, se siente emocionalmente mal, con baja autoestima, es criticada, juzgada y sufre de bullying, nosotros estamos aquí para ayudarle, para que se sienta bien en primer lugar y sea la admiración de su familia y amigos. Esto es lo más importante para nosotros, somos asesores (coach) en el tema del metabolismo y el control del peso, y queremos que sea feliz, logre su peso ideal y se vea espectacular.

Ejemplo 2. Mensaje utilizando el cuadrante para Oportunidad de Negocio.

Nicho: Personas que quieren emprender o tienen un negocio pero no están teniendo los resultados esperados.

Dolor: Confusión, exceso de ofertas, botones mágicos, estafas y estafadores.

Frustración: Ha sido engañado, ha firmado antes un negocio y su sponsor nunca más apareció. No te dicen cómo hacerlo.

Deseo: Ganar dinero, saber cómo hacerlo. Recibir capacitación y contar con una estrategia probada.

Aspiración: Libertad de tiempo y dinero.

> *Si Ud. es un empresario o emprendedor y está confundido con tanta información diversa y cansado de tantas ofertas, botones mágicos, ha sido víctima de estafas disfrazadas de negocios honestos, ha sido engañado o quizás ha firmado con una compañía y la persona con quién lo hizo salió corriendo y nunca más la viste, si nunca te dijeron como hacer las cosas para tener éxito, mi propuesta para Ud. es la siguiente: quiero enseñarle como ganar dinero, explicándole un paso a paso de cómo se hace, con una estrategia definida para que tenga libertad de tiempo y dinero. Claro que esto no se logrará de la noche a la mañana, y que hay que pagar un precio en tiempo, esfuerzo y dinero, y pasar un proceso, pero si acepta el desafío y sigue instrucciones yo le voy a enseñar todo.*

Este método de mensaje lo debes adaptar, recuerda que no te estamos dando un guión, solo explicándote una metodología que debes adaptar a tu nicho, a tu oportunidad de negocio.

¡Información sin acción es una ilusión!

Ya te comenté antes que la pretensión de este libro no era la de ser una guía teórica, sino que más bien era ser una guía práctica en la que se te incita a la acción. Así pues, ha llegado el momento de la *acción masiva imperfecta* (AMI).

Y, ¿cómo vamos a llevar esta AMI? Pues, aplicando lo aprendido mediante ejercicios, que repartiremos a lo largo de los distintos capítulos. Aquí están los siguientes.

Ejercicio 1.

Escoge un nicho de mercado para uno de los productos de tu compañía, y crea 3 mensajes utilizando estos 3 métodos:

- Las 3P´s del Mercadeo Social
- Mensaje desde la empatía
- Mensaje desde el Cuadrante Millonario

Ejercicio 2.

Escoge un nicho de mercado para tu oportunidad de negocio y crea 3 mensajes utilizando estos 3 métodos:

- Las 3P´s del Mercadeo Social
- Mensaje desde la empatía
- Mensaje desde el Cuadrante Millonario

Ejercicio 3.

Crea una página de fans genérica en Facebook para tu producto y otra genérica enfocada a tu negocio (emprendimiento).

Así ya tendrías la infraestructura online completa:

- Página web (blog) personal (www.rsgattorno.com).

- Perfil de Facebook (www.facebook.com/rafasgattorno).

- Página Fans Personal (www.facebook.com/rsgattorno).

- Página de Fans Producto (www.facebook.com/fitandhealthyatfifty).

- Página de Negocio (www.facebook.com/proyectoseremprendedor).

Llegado a este punto te daré algunos consejos:

– Adicionalmente podrías crear un canal de YouTube o un Podcast, pues cada día hay más personas que consumen video y audios.

– Y también, si lo prefieres, utiliza otras redes sociales como Twitter, Linkedin e Instagram (siempre recomiendo primero comenzar por Facebook).

Recuerda ir de poco a mucho, porque muchas veces menos es más. La idea es que no te agobies y vayas creciendo poco a poco, sin abandonar lo que has estado haciendo hasta ahora y que te ha funcionado.

Capítulo 4:

Paso 4: Crear un Embudo de Marketing

El *embudo de marketing* es el viaje online que hace tu prospecto a través de tu proceso de compra. El propósito del embudo de marketing es crear un itinerario controlado para que la persona que viaja por él, pase de ser un prospecto en frío a un cliente que pague de forma activa.

> *El Network Marketing es un negocio de Marketing y Promociones normalmente hecho por personas que no tienen la más mínima idea de estas habilidades, por eso no es de extrañar que exista tanta frustración y falta de resultados.*

Un Networker Digital diseña y alimenta su embudo de marketing con contenido de valor, y a través de esta experiencia logra guiar a la gente hacia lo que quiere, que es la compra de un producto o servicio.

En la imagen siguiente está representada la estructura de un embudo de marketing.

El «esqueleto» del embudo de marketing que se muestra en la imagen, puede ser aplicado a cualquier producto y/o servicio en cualquier compañía de NWM.

A continuación vamos a profundizar en cada uno de los pasos que lo forman, para que podamos tener una idea de lo que cada uno implica.

Trafico-Atracción (Publicidad)

Todo en marketing empieza con la publicidad, con poner tu mensaje y oferta frente al mundo. Hasta donde sabemos, hay dos tipos de publicidad:

1. *Publicidad de respuesta directa*, que está orientada a obtener una respuesta de cualquier tipo de público, ya sea llamar a un teléfono, ir a una página web, rellenar un cuestionario o realizar una compra.

2. *Publicidad de marca* para promocionar la imagen de la compañía, que es lo que el 95% de todas las compañías de NWM hacen, porque probablemente no saben más.

La publicidad de marca de la compañía se centra en vender su imagen, su logotipo, la historia, el pasado y los objetivos de la compañía, pero no está diseñada para obtener una respuesta específica del público. Básicamente, está diseñada para mejorar la opinión sobre la marca y hacer que el público «se sienta bien» con la compañía, lo cual no es algo que pueda ser medido con exactitud.

Pero hay un pequeño problema cuando este tipo de publicidad se utiliza en la industria del NWM, porque a tus prospectos realmente les da igual tu producto o compañía. Tal y como hemos podido aprender, no les importa que tu compañía se haya fundado hace 30 años o que tu producto tenga patentes y que los ingredientes lo saquen de un paraje recóndito del amazonas, o que esté libre de deudas. Lo que les importa es si les proporcionará o no una solución a sus problemas, ya sea aumentando sus ingresos, aportándoles mejor salud, ahorrándoles dinero, etc., y saber si tú les va a poder ayudar a lograr esos objetivos.

Si nos dedicamos al Network Marketing o al marketing de Internet, el único tipo de publicidad que nos interesa es el de respuesta directa, porque es el tipo de publicidad que vende y nos hace ganar dinero y construir nuestra línea descendente.

Captura

¡Esta es la parte más importante de todo tu proceso de marketing!

Se realiza a través de una página web que existe por una única razón: capturar la información de contacto del visitante.

No tiene ningún otro propósito más, solo recolectar su información de contacto, transformando los visitantes en prospectos. Esta página literalmente añade gente a tu lista cada vez que escriben su correo electrónico en el formulario y pulsan en «Enviar». No puedes construir una lista de correos electrónicos —«emails»— de contactos sin una página de captura.

Una vez que los hemos añadido a nuestra lista, podremos seguir comunicándonos con ellos, construyendo una relación con ellos y haciéndoles promociones. Tu página de captura es la *puerta principal* al resto del proceso.

Educación

El concepto de educación aplicado a las ventas responde a la psicología básica del ser humano, la cual se manifiesta en que:

- A la gente *no* le gusta que les vendan, pero *sí* le gusta comprar.

- Conseguir que la gente compre tus productos y servicios es *fácil* siempre que la idea comprarlos *sea suya*.

- Es mucho más efectivo acercar a la gente hacia tu producto *educándoles en los beneficios* a largo plazo que empujar tu producto hacia ellos, porque tú quieras hacer una venta.

En el proceso de educación hacemos varias cosas:

1. Aportamos valor a nuestros prospectos dándole educación gratuita nos compren o no.

2. Damos educación de valor a nuestros prospestos mediante comunicación constante, lo que ayuda a construir una relación con ellos que genera atracción, confianza y respecto. Nos ven como la persona que les puede proporcionar una solución a sus problemas.

3. Posicionamos nuestro producto, negocio o servicio como la solución a elegir para resolver su problema. Los acerca a la compra, haciendo suya la idea suya comprar en el siguiente paso de nuestro canal, que es nuestra oferta anzuelo.

Ofertas anzuelo

Uno de los mayores problemas que vemos en la industria NWM es que los distribuidores gastan más dinero del que ganan, y esto ocurre porque no están generando un ingreso en las ventas directas para financiar sus actividades de negocio.

Nos guste o no, la venta directa es una parte *muy importante* para que un negocio de Network Marketing despegue y sea rentable, pero hay ciertos desafíos involucrados:

1. Muchos constructores de negocios no quieren vender a sus amigos y familiares.

2. Se quedan sin potenciales prospectos a los cuales vender, porque el mercado caliente tiene un tamaño limitado, a menos que empieces a conseguir referidos. Esta es una opción, pero al final, no es posible ni práctico que el Networker promedio, a tiempo parcial, haga una venta directa de su producto cada día, al menos no lo es de una forma duplicable.

Sin embargo, el ingreso de la venta directa es un componente que todo negocio rentable debe tener, porque sirve para distintos propósitos críticos. Pero, es mucho más fácil vender un *producto anzuelo* que cuesta de 17 a 47 dólares que vender un producto, servicio u oportunidad de negocio que cuesta entre 200 y 500 dólares o más.

Comercializando al inicio un producto no muy caro, estás ofreciendo a la gente una oportunidad para probar un poco de ti, de tus productos y de tus servicios, sin tener que realizar un compromiso monetario enorme.

Las ventas anzuelo te dan una oportunidad para construir la confianza con los nuevos clientes, para que los puedas convertir en clientes de por vida.

Lograr estas ventas es un paso crítico en tu modelo de negocio, porque siempre es más fácil y más rentable vender algo más a un cliente ya existente que crear uno nuevo de la nada.

Por desgracia, la mayoría de los Networkers simplemente llama directamente a sus prospectos, que son en la mayoría desconocidos, y les lanzan la gran oportunidad de negocio: «Hola, no me conoces, pero si me mandas 300$, podremos hacer el negocio juntos, y ser ricos vendiendo estas excelentes vitaminas».

Así no existe ninguna relación, por lo que es mucho más efectivo empezar con poco y ganarse la confianza, ampliando el valor de la relación. Y, entonces ascender al cliente a socio de negocio.

Por ello es necesario que te plantees la necesidad o posibilidad de crear un «Producto Informativo Anzuelo», un infoproducto o una combinación de infoproducto más muestras de tus productos físicos.

Los productos informativos pueden venderse generalmente con un beneficio alto, entre el 50% y el 100%, lo que permite que la ganancia la puedas reinvertir en conseguir más prospectos que entren a tu embudo de marketing.

> *El truco es alinear el tema del producto informativo con lo que el prospecto quiere y desea.*

Como ejemplo, para un prospecto de tu servicio de *oportunidad de negocio*, puedes crear y promocionar un curso, de cómo construir un exitoso negocio desde casa, y una entrevista personal o grupal para responder dudas.

Para un cliente de productos con *problemas de salud*, puedes crear un curso sobre cómo mantenerse saludable de forma natural más un set de muestras y/o prueba gratis, etc.

No te preocupes si no tienes un producto como este para vender a tus prospectos. No necesitas crear el tuyo propio porque hay muchos productos de muy alta calidad ya disponibles que te pagarán comisiones mediante sus programas de afiliados.

Producto/Oportunidad

Después de haber vendido productos «anzuelo» llega el momento de beneficiarse de nuestros esfuerzos para promocionar un abanico más amplio de productos a nuestros clientes.

Ya habremos construido una relación de confianza con nuestro cliente. Habrán gastado dinero con nosotros y habrán experimentado nuestros productos y servicios, los cuales deberían haber estado *muy por encima* de sus expectativas.

Ahora son fans acérrimos de tu «marca» y de los productos que vendes, los cuales están ansiosos por volver a comprar, gracias a la cantidad de valor que obtuvieron con su primera compra.

> *La calidad y el valor de tu producto anzuelo es crítica para hacer mucho dinero con el resto de productos de mayor coste.*

Si estás por encima de lo que se espera de ti y excedes todas las expectativas, tu cliente se convertirá en un cliente a largo plazo. Sin embargo, si tu producto anzuelo fue mediocre o peor, los habrás perdido para siempre.

Siempre muestra lo mejor de ti en tus ventas de productos anzuelo, y esfuérzate por abrumar a la gente con la cantidad de valor que reciban por el dinero que pagan.

Ahora puedes ofrecerles tus productos o servicios, relacionados con tu producto «anzuelo», que ofrecen más, mucha más información, habilidades, y opciones. Y que, por lo tanto, también van a ser más caros.

Dependiendo de tu tipo de producto o servicio podrás incluso incrementar sus pedido de reposición, o incluso venderles nuevos productos, relacionados con el que inicialmente se manifestaron interesados.

Ahora viene la parte más loca del embudo. Porque todavía ni siquiera les has mencionado o promocionado tu oportunidad de NWM. No has llamado a un solo contacto, todo lo has hecho en «piloto automático». ¡Suena genial verdad!

Duplicación y Residuales

Y esto nos lleva a la pieza final de nuestro modelo de ganancias, «los residuales». Es aquí donde tu oportunidad de negocio entra en juego.

Muchos de tus clientes tendrán magníficos resultados con tus productos, se enamoran de ellos y se convierten en fans creando un vínculo emocional con el producto. Será el momento perfecto para promocionarles la oportunidad de negocio o mencionarles que te soliciten información sobre tu compañía.

Lo que quieres es que te compren «a ti» antes de aproximarte a ellos para ofrecerles tu negocio. Esto te da la oportunidad de capitalizar tu lista, a través de la promoción de productos y afiliaciones, se unan o no a tu negocio.

Esta es una estrategia a *largo plazo*, no es una fórmula mágica de la noche a la mañana, por eso muchos se desesperan, porque tienen o les han vendido la idea de hacerse ricos rápido y sin esfuerzo. Te digo algo, con Rafa no encontrarás ese tipo de enfoque. Lo siento.

La mayoría de la gente simplemente te llamará o te escribirá para preguntarte, especialmente si les estás mandando correos electrónicos con información de valor, si estás haciendo publicaciones en tus páginas de fans y artículos en tu blog, o si estás subiendo vídeos en YouTube. En todos los casos, asegúrate de periódicamente incluir testimonios de éxito relacionados con miembros de tu equipo.

Llegado este punto quiero hablarte de ética y valores, porque ¿sabes qué pasará cuando hagas todo esto? Pues que llegarán a tu sistema de Marketing algunos «cazadores de oportunidades», que duran poco, y Networkers de otras compañías, a nosotros nos ha pasado, buenas personas que creen y aman la profesión y que por alguna razón no han tenido éxito. En estos casos siempre hago una entrevista personal con ellos, y valoro sus casos. *Jamás* les incito a abandonar sus proyectos porque, recuerda, tu reputación te cuesta años construirla pero la puedes perder en un solo minuto.

No busques convencer a nadie de que sea como sea se tiene que unir a ti y a tu negocio porque es «mejor». Alguien que intenta y busca, de forma proactiva, reclutar a quien pertenece a otro negocio, es un ruin con muy poca integridad. Aparte de que está «cazando de forma ilegal» a alguien, dañando el negocio de terceros, su relación no va a funcionar bien, lo mires por donde lo mires.

Capítulo 5:

Paso 5: Crear un Sistema de Duplicación Online

En NWM no importa lo que tú sabes o puedes hacer sino lo que te puedas duplicar.

¿Qué es un Sistema de Duplicación?

Un sistema de duplicación es un conjunto de actividades y pasos secuenciales establecidos que sigue todo grupo u organización de NWM. Es como una «canción» que es «compuesta» por los que líderes con resultados y experiencia, y que después de «compuesta», todo el equipo la debe «cantar» sin cambiar la letra.

Las características principales de un sistema de duplicación son:

- Está escrito y/o grabado en video cursos.
- Se puede compartir con facilidad.

- Es secuencial, sigue un conjunto concreto de pasos ordenados.

- Es simple y duplicable.

- Es único e inalterable.

- Funciona para todos.

- Todos deben seguirlo.

- Todos protegen la duplicación.

Un sistema de duplicación puede variar de una compañía a otra, y dentro de una misma compañía varios grupos podrían tener sistemas de duplicación distintos, pero lo que si debe ser común es tener:

- ✓ Una estrategia de Venta: Todo el proceso de pasos para lograr la venta del producto y/o servicio.

- ✓ Una estrategia de Patrocinio: Todo el proceso de pasos con un prospecto de negocio, su registro como distribuidor y su arranque en el negocio.

- ✓ Una estrategia de Duplicación o Formación de Lideres: Todo el proceso de pasos para enseñar el Sistema de Marketing y crear Líderes Sociales dentro del equipo.

Puede ser que tu compañía y tu equipo tengan algo que llaman «el sistema», pero estoy convencido que más del 95% de ellas no tienen este tipo de sistema, y mucho menos que lo tengan estandarizado en la internet.

Este es un buen problema, fue lo que me paso a mí, no existía en mi compañía, y ¿sabes que hice? Pues lo creé,

Hacer el cambio

y de ahí surgió la Universidad Virtual NutriExito (www.nutriexito.com), y de nuestro deseo de poder ayudar a la industria surge el proyecto educativo genérico Universidad Iberoamericana de Marketing de Atracción para Networkers (www.imanuniversity.com).

La idea fundamental de un Sistema de Duplicación online, grabado en video y accesible a todo el equipo, es muy ventajosa. Con ello se protegen la información y la integridad del sistema, y esto es muy importantes para evitar la confusión y el caos.

Este Sistema de Duplicación crea líderes independientes, y formados en una mentalidad digital, que duplica automáticamente a los nuevos socios del equipo y los prepare para la Nueva Era del Network Marketing.

Además, no se requiere tantos recursos y habilidades para ello. Incluso se puede crear dentro de un grupo privado de Facebook, lo que es completamente gratis.

Los grupos privados de Facebook y los chat de WhatsApp y/o Telegram son complementos muy importantes de un Sistema de Duplicación Online, pues ayudan a crear y cohesionar a una comunidad que está unida por los mismos Objetivos y el mismo Sistema de trabajo. Esto es muy poderoso.

Conclusiones y recomendaciones

¿Cuál sería la mejor manera de ir cerrando este libro? De verdad, confieso que no sé cómo he llegado hasta aquí. Es muy duro plasmar sobre papel tus debilidades y miedos. Al inicio te conté que vivir y pasar este proceso ha hecho de mi un verdadero profesional del Network Marketing, con un alto Nivel de Valor Personal (NVP) para entregar.

Un buen aporte podría ser compartirte en concepto de lo que para mí es Ser Profesional del Network Marketing:

> *Un Networker profesional es aquel que* **aprende** *y* **aplica** *con* **consistencia** *las* **habilidades** *básicas que le llevarán al éxito en su negocio de NWM.*

En esta definición he destacado en negrita un grupo de palabras claves: aprende, aplica, consistencia y habilidades. Todas y cada una de ella darían para un capítulo de un nuevo libro.

Esta es una lista de esas *habilidades,* que para mí son la base, y las llamo «Las 7 Artes del Network Marketing»:

1. Planificación (Financiera y Tiempo).
2. Venta.

3. Patrocinio.

4. Duplicación.

5. Comunicación y Oratoria.

6. Marketing y Promociones.

7. Liderazgo Social.

Llegado a este punto, todo lo que te he compartido se resume es estos *dos objetivos* y que cada uno de nosotros deben adoptar como suyos:

- Convertirte en un Líder Social para otros, incrementando tu Nivel de Valor Personal (NVP).

- Adquirir las habilidades de entregar tu valor al mundo a través del Marketing.

Si quieres profundizar sobre estas siete habilidades puedes acceder a nuestro Webinar «Las 7 Artes del Network Marketing de Atracción».

Una Nueva Era del Network Marketing

Desde el inicio de este libro has visto muchas veces estas palabras: «nueva era». Y, es una realidad, hemos entrado en una nueva era donde si tu negocio de NWM no está en la internet de una manera profesional, lamentablemente perecerá.

Hay muchos Networkers que creen erróneamente que su negocio está en el internet pues están publicando fotos de sus superproductos o de un estilo de vida desproporcionado, y mensajes del estilo: «Busco a 10 campeones que quieran

Hacer el cambio

hacer dinero con X superoportunidad». En realidad lo que hacen es Marketing de persecución, y no Marketing de Atracción.

Estamos en la era del Marketing de Atracción, el internet, las neuroventas y las redes Sociales, y creando la combinación perfecta de ellos se puede generar un negocio infinito, para pasar nuestro proyecto de emprendimiento al siguiente nivel.

La unión de estos cinco pasos que te he explicado:

1. Marca Personal
2. Nicho de Mercado
3. Propuesta Única de Valor
4. Embudos de Marketing
5. Sistema de Duplicación Online

te permitirán crear lo que he denominado Sistema de Emprendimiento Digital Apalancado (S.E.D.A.).

Finalmente, la clave de tu negocio de NWM estará en mercadear un S.E.D.A a tus distribuidores para que vendan los productos de tu compañía al por menor, y a la vez enseñarles las habilidades de liderazgo y marketing para que se conviertan en Líderes Sociales y enseñen lo mismo a otros, logrando así la *duplicación*.

Finalmente, y ahora sí es el final, para seguir aportando valor para ti, hemos creado un video curso, «Fundamentos de Network Marketing de Atracción», completamente gratis, donde profundizamos en estos y otros conceptos.

Rafa S. Gattorno

Solo debes ir a www.imanuniversity.com, registrarte y será tuyo de por vida.

Recuerda:

> ¡Queremos ayudarte y sabemos cómo hacerlo!

> ¡En Imán University, no buscamos alumnos, creamos historias de éxito!

Cierro con la frase que encontrarás en mi muro de Facebook:

> *Feliz de haber establecido una **visión** para mi vida y trabajar cada día para **ser** la persona correcta para lograrla.*

Gracias por leer este libro de un principiante de escritor. Espero que sea una Bendición en tu vida, como ha sido para mí escribirlo.

¡Que Dios te bendiga!

Rafa S. Gattorno

Datos de Contacto

rsgattorno@gmail.com

www.rsgattorno.com

www.imanuniversity.com

www.facebook.com/rsgattorno

WhatsApp: +1 (813)641 4460

Rafa S. Gattorno

Bibliografía

[1] Manzanilla, Victor Hugo : Tu momento es ahora (Grupo Nelson, 2017)

[2] Worre, Eric: www.networkmarketingpro.com-Videoteca.

[3] Moreno, Edgardo : Los Secretos de ganar dinero en la Internet (Tu libro en 21 dias-2018)

[4] Moreno, Edgardo: Marca Personal en 90 dias (Tu libro en 21 dias-2016)

[5] Moreno, Edgardo: Tu éxito en multinivel en 7 pasos (Tu libro en 21 dias-2016)

[6] Aubone, Abel: Master en Formacion Online VAT-2019

[7] Robriguez, Paula: Construya un negocio de multinivel, aplicando los secretos del Marketing de Atraccion a travez de la Internet.

[8] Mike, Dillard: Magnetic Sponsoring

Rafa S. Gattorno

www.ingramcontent.com/pod-product-compliance
Lightning Source LLC
Chambersburg PA
CBHW022116170526
45157CB00004B/1670